유리 위의 시간

이루시 시집

도서출판 실천

유리 위의 시집

실천 현대시선 108

초판 1쇄 인쇄 | 2025년 9월 20일
초판 1쇄 발행 | 2025년 10월 1일

지 은 이 | 이루시

발 행 인 | 이어산

기 획 · 제 작 | 이어산

발 행 처 | 도서출판 실천

등 록 번 호 | 서울 종로 바00196호　　등록일자 | 2018년 7월 13일

　　　　　　 | 진주 제2021-000009호　등록일자 | 2021년 3월 19일

서울사무실 | 서울특별시 종로구 율곡로 6길 36
　　　　　　　02)766-4580, 010-6687-4580

본사사무실 | 경남 진주시 동부로 169번길 12. 윙스타워지식산업센터 A동 705호
　　　　　　　055)763-2245, 010-3945-2245　팩스　055)762-0124

편 집 · 인 쇄 | 도서출판 실천

편 집 장 | 김성진

ISBN　979-11-92374-92-5

값 12,000원

유리 위의 시간

이루시 시집

누군가 내 마음을 펼쳐 주지 않았다면
나는 인생을 그리지 못했을 것이다

시가 그림으로 번지고,
나의 글이 누군가의 가슴 속에서 빛날 때
안개 속 내 세계도 조용히 환해진다

2025년 10월
이루시

■ 차례

2부

음자리표

4부

시간을 훔치다

1부

누드 사진

촛불

온몸을 태워 애액만 남기고 사라졌네

남강 대밭

시월 바람이
대숲에 일면, 천 마리의
비둘기가 날아오르는 듯하다

화려한 불빛과 달빛이
어우러진 남강

비둘기 날갯짓이 물결에 닿으면
한바탕 진주난봉가가 울려 퍼지고
계사년 장정들의 울음이 들려온다

진주성을 바라보며
우물가에서 물을 긷던
배건너 아낙들도
폭포 같은 함성에 목이 잠긴다

남강이여!
진주성이여!

시월 대숲엔 비둘기 날아와
장렬한 운구행렬이 지나가는 듯
강물과 함께 울렁이고 있다

이제,
그날의 장정처럼 남강이 빛나고
비둘기
진주 정신을 물고
힘차게 날아오르네!

유리 위의 시간

　금 간 유리 벽 사이로 새 상처가 꿈틀거리고,
발끝에 닿는 오래된 그림자는 잔물결처럼 흔들
리며, 공기 속 날카로운 기억이 파편처럼 흩어져
가슴을 간질인다. 희미한 빛이 벽 너머에서 스며
들고, 그 속에서 부서진 감각과 떨리는 감정이
서로 겹쳐, 눈앞에 펼쳐진 시간과 상처의 풍경이
한 폭의 캔버스로 빛난다.

게발선인장

거실 구석,
네가 붉게 익어가는 동안
나는 주점에서
내 얼굴 속 붉은 불씨를 키우고 있었다
꽃은 몸을 비틀어 매달리고
나는 술잔에 입술을 붙인 채
영혼까지 발효시켰다
익어간다는 건
끝이 가까워진다는 뜻
꽃이 스러질 때
나도 서서히 무너졌다
익은 것들은
삭은 술처럼 바닥에 가라앉는다
꽃은 영혼의 결까지 물들이고
내일이 닿지 않는 쪽으로 흘러갔다
나는 오늘을 잘라내고
깊이 잠들었고
꽃은 빈 병처럼 비워진 채
사라졌다

부조화의 늪

무심한 하늘을 올려다본다. 흰 구름과 먹구름이 보인다. 시간은 늪이다. 수많은 사람이 떠나간 길 위로 나는 아직 걸어가고 있다.

낯선 이 길은 나를 어디로 데려가는 걸까? 한 떨기 초침에 묻고 싶다.

너는 가서 어디서 또 왔느냐고. 죽어간 시간도 다가오는 시간도 침묵의 화살로 나를 내려꽂힐 뿐이다.

시간의 늪을 걸어가고 있다.

삶과 죽음이 유영하는 길을 걸어가고 있다. 시간은 늪이다. 아직도 내 발은 무게를 잘 지탱한다. 비포장 길에서 아스팔트 길로 왔다 갔다 잘도 간다.

흰 구름과 먹구름의 부조화를 보면서

몽상

너는 유리창을 두드리며 말을 걸었지만, 이쪽은 소음의 숲이라 대답은 잎맥 속에 갇혀 있었다.

양철을 찢는 고음, 옥타브를 올린 채 무대 위로 쏟아진 너.

나는 문을 열고, 네 목소리를 온몸으로 받았다. 응어리를 풀어내듯 어둠 속에서 쏟아지는 너를 바라보다 말을 잃고 서 있었다.

이미 나는 네 물매를 견딜 만큼 견디고, 네 슬픔 속에 잠길 만큼 잠겼다. 그러니 이제 너의 파문을 거둬봐.

내 대답이 물 위로 번져갈 수 있도록.

밤을 포획한다

빗방울은 가느다란 못이 되어 땅을 박고, 흙은 검은 베개처럼 뿌리를 끌어안는다. 햇살은 칼날처럼 내려와 새싹의 살갗을 어루만지다, 금세 상처로 번진다. 부드럽던 촉감은 어느 순간 손가락을 베어내고, 땅거미가 목을 조르듯 내린다. 목구멍은 사막처럼 갈라지고, 머리칼은 어둠의 뿌리처럼 조용히 솟아오른다. 내 가슴 한복판, 잡초가 들끓듯 번지고 그 위로 파친코 불빛이 빛나는 창처럼, 혹은 눈을 가둬버리는 상징처럼 밤을 삼켜버린다.

시간

손수레를 끌고 가는 노인을 보았다. 한 발짝 내딛는 순간마다 줄어드는 삶, 손수레에 박스를 동여매고 길을 가고 있다. 발꿈치를 치켜세우고,

끝으로 가는 길은 얼마나 남았을까. 외롭고 구불구불한 길. 휴식이 그에게는 사치일까. 쉴 겨를이 없어 보인다. 노인의 허기진 눈빛을 보며 나는 빵을 건넸다. 짐 무더기에 파묻힌 수레에도 굴하지 않는 노인의 호흡

휴식이라는 것이 아무런 의미가 없다는 듯

바퀴와 바퀴
걸음과 걸음
삶과 삶이
서로의 시간을 사리듯 길을 밀며 간다.

전봇대를 지나
고물상을 지나

지나온 하루의 무게를 등 뒤에 묻고

저 골목 끝,
지친 삶을 감싸줄 단칸방 하나가 깜빡인다.
내일의 꿈은 오늘보다 가벼울 수 있을까.

잊힌 무언가가 숨 쉬고 있다

유등의 빛이 흘러내린다.

빛은 벽 속 균열에 스며들어 은빛 실처럼
부서진 감각을 감싼다. 발끝 그림자는 물결처럼
흔들리며 시간의 잔물결 위를 떠돈다. 공기 속
기억의 파편은 은빛 먼지처럼 흩어져 가슴을
간질이고, 숨결을 따라 부서진 상처 위로
내려앉는다.

저편 빛 속에서 떨리는 마음은
빛과 그림자의 층위 위에 앉은 유등, 하늘과 땅
사이를 잇는 한 점의 불빛처럼 살며시 흔들린다.
나는 무엇의 상처로, 무엇의 빛으로 존재하는가?

유등 아래 시선은 깊어지고 풍경은
한 폭의 캔버스가 되어 시간과 존재의 잔상을
담는다.

물의 기억

낮은 강물 위에 던져진 색연필,
물빛이 그 선을 따라 흩어진다
파란 입자가 붉은 입자와 뒤섞이며
굴러온 빛은 강가의 유리알처럼 반짝인다
나는 그 속으로 뛰어들고 싶다
물 만나 빛 만나
내 몸이 그림처럼 번져가기를
강바닥의 그림자는
내일의 불씨처럼 흔들리고
죽어도 다시 살아나는
빛의 덩어리는
돌멩이처럼 굴러다닌다
내 시에도 그 순간이 오면
언어는 피처럼 진하게 뭉쳐
붉은 캔버스를 칠할 수 있을까
나는 바란다
물을 길어 올리는 화가의 손이 되어

시를 돌돌 말아
붓끝의 영혼으로 남기를
시간의 저편,
기억은 물감처럼 뭉쳐져
빛으로 번져간다
비록 황혼의 색이라도 괜찮다
그 길이 찬란한 붉은 노을로
눈부시게 타오른다면

누드 사진

수십 개의 가랑이 벌어져 올라갔다. 벼랑과
벼랑 사이 그림자 흔들거렸다. 숨이 차오른
심장은 붉은 수의로 염하듯 둘러쌓았다. 서둘러
셔터 누르지 못하고 마지막 잎 떨어진 알몸
찍고 말았다. 박제된 모세혈관처럼 겨울 벼랑에
정지되어 있었다. 너의 절정 조용히 지키고
있었다. 새벽녘 첫눈은 아무도 모르게 왔다가
갔다. 너의 가랑이 사이의 허연 잔설, 물방울 하나
느리게 떨어진다.

발견

불면의 강을 건너는 중이다. 뇌파는 적막을 감고 쉼표를 닦달한다. 물고기를 기다리는 낚시꾼처럼 나는 잠의 이미지를 자주 떠올린다. 차오를 듯 잡힐 듯, 나는 마감이라는 종결어미를 찾아 둥둥 떠다닌다. 밤새 떠오르는 텍스트의 소용돌이 속, 잡힐 듯 말 듯 경계선을 딛고 섰다. 마침내 새벽을 건널 때쯤 강은 범람하기 시작했다.

제비꽃

골목 모퉁이에 핀 보라색 모눈종이, 구겨진 하늘 아래 조용히 핀 꽃

도시의 심장 박동 소리
굴삭기 소음이 귓가에 닿을 때마다, 꽃잎은 미세한 경련을 일으킨다.

밤의 고독과 뼈를 깎는 통증은 잊힌 채로, 가끔 새어 들어오는 햇살마저 꽃잎의 색을 지워버린다.

곰팡이는 벽지를 타고 구름처럼 피어오르고, 끈적한 먼지 속에서
빛을 뜯어먹는 약봉지 위에는 지하 단칸방의 주름진 지문이 박혀 있다.

어둠을 뜯는 약봉지에 그의 지문이 남아 있다.

천둥이 몰고 온 먹구름은 몸속 깊이 스며들어,
빛은 산산이 부서져 날카로운 파편이 되어 심장을
찌른다.

가느다란 기침 소리가 어둠을 맴돌 때마다,
제비꽃은 말없이 꽃잎을 떨군다.

일몰

자궁처럼 깊은 우주, 그 안에서 나의 별이 숨을
고른다. 지구의 끝자락, 바다와 하늘이 맞닿는
곳에 선 나는 어둠 속 착상하는 아기처럼, 일몰
속에서 새벽의 씨앗을 품는다. 빛을 감싼 어둠은
부드러운 태반처럼 나를 감싸고, 새 생명의
온도는 가족을 품은 마음의 체온과 닮았다.
나는 저녁의 경계에 서서 다시 태어날 별빛을
기다린다.

가슴을 베었다

　빛이 보인다. 안보이던 먼지가 하루살이처럼 내 눈에 들어와 나를 괴롭힌다. 낭떠러지 앞에선 가늘고 소심해진 관음죽, 쏟아지는 번민에 눈 살짝 비빈 시선이 무겁다. 눈앞에 생각들이 걷고 있다. 끈적한 먼지를 뒤집어쓴 나의 동공에 생각들이 걷고 있다. 곧고 살갗 반질반질해진 관음죽, 빛의 굴절에 나는 가슴을 베었다.

건널목

지구라는 둥근 플라스틱 위 찍힌 선들의 지도
오래된 물건의 기억 속에는 고개 숙인 내
그림자도 스며 있다

굴곡진 선, 옵션으로 기록된 나
광학의 눈이 내리쬐는 나

정보가 되어 몸을 벗고 떨이처럼 흩어진 시간
위를 건넌다

2부

음자리표

하회탈

시간과 시간 사이 굴곡이 계곡으로 자리 잡았다
깊은 물에 잠긴 듯 고스란히 웃고 있는 눈

꿈의 포획

나의 들뜬 문장은
한순간의 열화였을까.
왜 견고하지 못할까.
짓다 만 미완성 동공마다
노을 꽃 이글거리네.
아이들
모래성 쌓겠다고
서로 곁눈질하며 심술궂게
상대를 허물기도 했지.
아이의 행동에서
내 유년을 보는 듯했네.
내가 지나온 길에도
부서진 성이 더러 있었지.
내 욕망은
낯선 언어를 잡는 일.
아무리 잘 잡고 있어도
손가락 사이로 빠져나가는

모래처럼
성은 내 인생을 그려보는 일
뻔쩍이는 언어를 모아
나의 욕망을
문장으로 엮고 싶네.
문장이 살거나 죽거나
붉게 물든
내일의 꿈이 있기 때문이지.
내 동공은 아직 후끈거리네.

무無

기약 없는 이야기가 곡선을 타고 굴러오는
공원 길. 숱한 사연을 지닌 노인들 벤치 위에 앉아
있다.

나는 바쁘게 어둠 속에서 숨 고르는 나를
발견했다.

지구는 매일매일 내 몸을 돌려 깎는지, 이마엔
길이 선명해진다. 그 틈새마다 내 어둠이 문득
두려웠다.

길가의 꽃들은 풀 죽어 눕고, 지친 내 그림자는
영안실처럼 식어 있었다.

잠시 앉은 벤치

지난밤 젊은 연인이 눈물로 서로를 내어주던

자리, 엊그제 손녀와 화면을 마주하던 노인. 그 노인은 며칠째 오지 않았다.

돌고 돌아 나도 벤치에 걸터앉는다. 내 그림자 위로 낙엽 한 장이 느릿하게 내려앉는다.

시간의 블랙홀

초록과 빨강 서로 교차하는 눈 부릅뜬 신호등.

앞서간 이들이 걸었던 길에 내가 서 있다. 매일 사람들이 길을 건너려고 신호등을 쳐다보고 있다. 한때 슬픔에 진저리 난 사람도 복에 겨운 사람도 조심스레 모두 건너는 길.

아무도 끝을 모르는 길.

신호등은 눈만 깜빡이고 있다. 다음 길을 몰라 조심스레 건너는지도 모른다. 반대편 차도 위에 깜빡거리는 초록 불이 보인다. 신호등 불빛에 새댁이 유모차를 밀고 지나간다. 적색 신호등이 나를 가로막는다. 후다닥 달려가는 자동차.

목적지는 어디일까.

어머니는 새털이 되어 날아 가버렸다. 내 앞에 초록 불이 왔지만 나는 어디로 가는 걸까. 알 수 없는 길만 보인다. 마주한 사람도 옆 사람도 바쁘게 지나간다. 목적지 모르는 길을 가고 있다.

초록과 빨강은 서로 교차한다.
그 틈엔 어떤 시간이 존재할까.

숲

갈증 나는 날이다. 시공을 흔들며 피어오른
아지랑이 사이로 나는 손을 밀어 넣는다. 마음이
흔들리는 문장을 잡고 싶다. 자꾸만 멀어지는
언어, 행마다 풍경은 수식이 빛을 내지만
뭉글뭉글 시구는 연기 오르듯 피어 사라진다.
갈증 나는 날이다. 욕망을 흔들어 놓은 문장은
잡힐 듯 잡히지 않고, 언덕을 가로지른 숲에서
멈춘 아지랑이, 마침표를 찍었을까. 숲 사이로
빛나는 문장이 연기처럼 사라진다. 나는 갈증 난
시선을 손바닥에 모아본다. 내 목에 까칠까칠한
언어가 가물거린다.

음자리표

촛불 맨드라미에 음표가 출렁인다.

꽃이 파노라마처럼 펼쳐진 길에서 나비 지나가고 벌도 지나가고 철부지 아이 재잘댄다. 나도 빨간 입술로 소리 내어 웃고 있다.

잠시 스친 손길에 훔친 마음 들킨 듯 맨드라미 볼에 홍조를 띤다.

탱글탱글 번져가는 도파민의 전율 뜨거워서 참지 못하고 터트려버린 꽃이 음표처럼 출렁거린다. 담장에 앉은 나비 또 갈 곳을 찾아 나선다.

젊음을 놓쳐버린 박자, 피 끓듯 높게 넘치고 넘친 곳

그곳에서
나비도 벌도 아이도
적절한 음자리표를 찾고 있다

가을의 존재론

잎이 타오르며 지는 순간, 화면 가득 붉은빛이 번지고 바람은 필름의 자막처럼 사라지는 문장을 흘려보낸다. 철길 위에 그림자가 누워 있다.

검은 선 두 개가 하늘 끝까지 이어지는 듯하지만, 카메라는 점점 줌아웃하며 보여준다. 그 끝은 허공으로 녹아들고, 끝내 도착하지 못하는 길이라는 것을. 반달은 스포트라이트처럼 가로수 사이에 걸려 빈 무대를 비춘다.

조명이 켜진 순간,
나는 배우가 아니라
그림자에 불과하다는 걸 알겠다.

끊어지지 않는 장면 속에서 내 마음의 기차가 느릿하게 지나간다. 기적 소리는 사운드트랙처럼 겹치고, 그 울림은 객석에 앉아 있는 나의 존재를 흔든다.

레일 틈새로 바람이 불어 잊었던 얼굴들이
슬라이드처럼 투사된다.

누군가는 웃고, 누군가는 사라지고, 모두가
다만 스쳐 가는 장면. 나는 그 잔상 속에서 내가
누구인지 되묻는다. 오늘은 화면 밖으로 퇴장하고
내일은 아직 편집되지 않은 장면으로 다가온다.

이제 남은 것은 멈추지 않는 궤도와, 그 위를
달리는 나의 카메라뿐. 가을은 대사를 주지
않는다.

침묵만이 관객을 응시한다. 그리고 나는, 그 응시
속에서만 존재한다.

경계를 넘다

여울을 앞둔 내 몸뚱어리도 번쩍거리는 네온을
찾아 훨훨 날아다녔다. 장작불에 날아든 불나비.
코를 찌를 새도 없이 소용돌이 물결이 바위를
난타할 동안, 간헐적 외침이 들려온다. 네온은
경전의 경계를 허문다. 옳고 그름, 선과 악의
경계가 몸의 좌우처럼 뚜렷하지 않지만, 찰나의
순간 경계가 있다. 나는 걷고 달리고 헤엄친다.
여울을 통과하든, 실수로 미끄러져도 파문이
인다. 한때 단절되었던 화톳불엔 허리를 비틀며
여울을 통과하는 내가 보인다. 잊지 못할 찰나의
순간

흔적

 감성 없는 플라스틱 같다. 주인이 부재한 방,
스쳐 간 것도 의미가 없는 걸까. 침대 옆에
혼탁해지는 공기가 산소 호흡기에 매달려 간간이
먼지를 앉힌다. 썰렁한 공간에 침묵이 짓눌러
모든 게 고체 상태다. 컴컴한 방을 둘러보며 나도
한동안 플라스틱 장롱이 되어 서 있었다. 불을
켰다. 그림자처럼 걸려있는 옷들을 매만진다.
아직 주인의 냄새가 난다. 아! 잠시 정지상태,
나는 방의 먼지를 닦아내고 점호를 하듯 기를
불어 넣고 있다. 곧 백일이 되면 휴가 올 아들을
기다리며

방울꽃

언덕의 숨결이 초록 속에서 서서히 늙어간다.

소리는 피어나는 게 아니라 숨죽인 채,
어딘가에서 슬며시 흘러나온다. 작은 꽃잎 하나가
시들 때마다, 발걸음 아래로 음표 하나가 뚝
떨어진다.

그 음표는 다시는 울리지 못할 말 없는
눈물처럼 고요 속으로 가라앉는다.

모든 게 멈춘 듯한 정적 속에서,
워낭이 저 멀리서 느릿하게 울려 퍼진다.

부서지는 시간의 속삭임 같고, 오래된 기억이
남긴 마지막 울림 같다.

거울

예고 없이 찾아오는 실수는 늘 속눈썹에 매달려 있다.

안구 흐린 날 식탁에서 수군수군 댄다. 밥알을 떨어뜨리며 그녀가 얘기한다. 쟤는 늘 잘 나가다가 실수한다고 입방아를 찧는다.

실수는 늘 유리알처럼 가까이에 있다. 내 영혼과 눈썹 사이에 자릴 잡고 있다.

글을 읽으면서도 실언이 나온다.

가난한 영혼이 나를 조정하는 걸까. 속눈썹에 매달린 실수에 변명보다 자괴감이 몰려온다.

나는 가난한 영혼의 알을 깨고 비상하고 싶었다. 이제 나는 자존감이란 날개를 달고 있다. 눈앞이 명경처럼 환하다.

골목

어둠 속,
메탈릭 파스텔이 걸어 다닌다.
차갑게 식은 잠이
꼬리를 달고 담 위를 넘는다.
형광 눈의 고양이,
벽에 스며드는 욕심 같은 그림자.
덮이지 않는 허물은
밤의 살갗을 긁어 놓는다.
전야,
형광이 무음으로 침투하면
내 머리는 낙서장이 되고
고양이의 울음이 번진다.
새벽,
짝을 찾는 절규와
내일을 설계하는 손끝이
서로의 숨결을 스친다.
밤이 텅 비어 갈 때

고양이 소리도 희미해진다.
며칠 뒤,
파스텔 눈을 가진 새끼들이
골목을 번질 것이다.
나는 비워야 멈춘다는
이 단순한 법칙을
아직 모른다.

묘비

모니터 속엔 셀 수 없는 이미지와 동영상이 제
이름 달고 있다

비문 속에
년. 월. 일. 시간

나는 이미지를 터치하며 사라진 자들을 되돌려
본다
육신이 늙어가는 동안 그들은 어디로 갔을까

소식이 두절 된 그들을 위해 창가에 바이올린을
걸어두고, 연주하던 기억에서 나를 끄집어내고
있다 지우지 못한 것들의 무덤이 되었다 장벽의
비문 사이로 먼저 간 이들의 무덤이 파고 올라오는
듯하다

모니터에서 세기를 뛰어넘은 아버지가 나오고
가버린 친구가 나온다

나는 애써 지워야 했던
무의식에 묻어버린 걸까
레퀴엠은 울려 퍼지고
하얀 꽃이 고개를 숙이고 있다

이제야 기억이 부활하지만, 시간의 무덤을
정리했다

오래된 기억을 정리하니
비몽사몽 중
내 가슴이 허전하다

간이역에서

스니커즈 밑창이 헐렁해졌다. 고무가 늘어난 걸 보며 나는 오늘의 발목을 이해한다.

버클이 풀린 벨트처럼 허리가 말을 듣지 않고 단추 하나가 자꾸만 비뚤어진다.

의자에 앉으면 등받이가 먼저 한숨을 쉰다. 낡은 스프링은 내 척추를 대신해 삐걱거린다.

거울은 언제부터인가. 빛을 굴절시킨다.
내가 아니라 어느 오래된 종점이 비친다.

진열대에 먼지가 내려앉고 달력은 구겨진 날짜를 반복한다. 나는 날짜와 체온 사이 어디쯤 있다.

스틱형 파스, 칼슘 알약, 워킹화 속 깔창이 나의 전신이다. 무릎이 빠르게 지나가는 열차의 진동을 닮아간다.

테러란 갑자기 벗겨진 장갑 하나 나는 그 허전함을 손에 끼운 채 다시 역을 돈다.

이곳은 간이역 정차는 잠시지만 기억은 오래 머문다. 나는 이 역명 없는 플랫폼 위에 나를 놓고 간다.

서부시장

시장 골목, 돼지 그림자가 발밑을 스친다.
창살 속 새와 오리, 숨죽인 내 마음의 거울

껍데기 살보다 두꺼운 마음의 껍질
겨울 끝자락에 겹겹이 앉아 설날을 기다린다.

강물 기억을 막은 돼지처럼
시간은 우리 안을 흐르고
나는 작은 닭을 부러워한다.

단단한 생의 경계

동물농장은 내 안으로 스며 비릿한 냄새,
살보다 가까운 숨결

우리 모두 좁은 우리 안에 갇혀 있다.

비루한 그릇

새까맣고 쭈글쭈글한 추억이 보인다. 옹기종기 앉아 허기를 비벼 먹던 유년이 있었다. 그리움이 돋아날 보리밥집 찾아 가난을 퍼먹었다.

끓어오르는 동태탕의 추억을 발라 먹었다.

숟가락 잡은 일곱 손이 바빴다. 한 숟갈 더 먹으려 애쓰는 기색만 뜸 들일 뿐. 막내인 나는 늘 밥알만 세었다. 먹어도 먹어도 허기진 그 시절, 배불러 남기는 건 상상조차 못 했다. 지금 우리는 풍요를 비벼 윤기 흐르는 추억을 먹고 있다. 그때의 허기가 숭늉처럼 돌아왔다.

천 개의 소리

기이한 소리 들린다. 성형 흔적이 남아 있는 어린 소나무. 꺾이고 잘린 상처가 남아 있다. 성급히 모양 갖춘 분재. 관절이 부실한 것들이 내는 소리. 거실은 겨울왕국이다.

철사 사이로 웃자란 초록을 잘라냈다.

목덜미의 살결을 잘라냈다. 한때, K도 어둡고 구석 자릴 좋아했다. 철없이 폼 잡고 수다 떨었던, 우산 없이 마냥 비 맞고 걷던 때가 있었다. 식물이란 이름은 유독 빛을 좋아하는 걸까. 모두 빛 드는 쪽으로 줄기를 틀고 있다.

부스럭거리는 소리 들린다. 초록이 자라는 소리일까.

난달의 소나무가 궁금해졌다. 모진 시간 견딘 면역성 덕분인지, 풍파를 이겨낸 내 친구 같다.

밖의 것들에서 더 강인함을 볼 수 있다. 봄이 오면 상처 자국에 새살이 차오를 테니까. 왕국에 초록비가 내린다.

초록이 상처를 씻는다. 상처가 소리를 키운다.

기이한 소리 들린다. 식물들이 일하는 소리일까. 누가 날 부르는 소리일까. 문득, K의 안부가 궁금하다. 소금기 배어 있는 목소리가 듣고 싶다.

3부

커피 타임

된서리

막다른 거울 담 앞에서 주저앉은 낙엽

입술

거울 속으로 들어갔다. 마음의 문을 열어주는
눈빛, 긍정적 시각이 생겼다. 길이 열리고 기적이
일어났다. 생텍쥐페리는 불꽃으로 적의 입술에
미소를 피웠다 따스한 눈빛이 교차하였다. 시선이
부드러워지고 미운 감정이 사라졌다. 거울
속 미묘한 불꽃도 나의 그림자도 순순히 걸어
나갔다. 이야기가 바빠지고 호흡이 거칠어졌다.
삶과 죽음을 넘나드는 꿈이 열리는 아침 거울을
열었다. 나는 거울 속 미소를 가지고 나왔다.
행복의 눈빛을 더해주는 거울

아웃사이더

풀잎이 소나기를 만났다.
웃자란 풀이지만
흠뻑 젖어보려고,
경계를 넘으려고 노력했다.
 나도 흙탕을 뒤집어쓴 채
난관을 뛰어넘으려고
발버둥쳤다. 비가 그치고
바람이 다가와 한잎 두잎
고개를 들고 있다.
 초록은 제 역할을
꿋꿋이 하고 있다.
나도 한때 짐을 짊어지고
힘겹게 뛰었다.
꿈을 주체할 수 없어
의욕만 끓어 넘쳤다.
 나는 지친 풀잎이어서
경계선에 드러누워

상승의 꿈을 꾸었다.
나는 막바지 고비를
넘지 못했다.
한 꺼풀만 벗으면 되는데
흙탕물을 뒤집어쓰기 일쑤였다.
그걸 알면서도 나와의
약속을 지키지 못했다.
백일몽만 꾸는 걸까.
허구한 날
나는 지류에만 머물고 있다.

커피 타임

포트에 물이 익는 저녁이다

미완성 곡조의 음파가 올림표로 끓어 올랐다

레퀴엠 울려 퍼지는 미사가 끝나고 맞이한
산 자의 시간처럼 응접실 안은
짙은 무게가 흐른다

파동은 내림표로 가라앉는다

부드러운 아라비카 향이 허공을 적신다

소멸의 순간까지 호강하는 비강

끓는 물에 희석된 커피가
소멸로 가는 시간이다

커피와 함께 우리도

소멸로 가고 있다

무게가 조용히 어둠 속으로 사라진다

유목민

상상이 꼬리를 밟는 날 무조건 오아시스를 찾아 사막을 달린다.

말과 말이 생각을 할퀴고 비틀어도 초월하지 못했다.
말이 아닌 말들이 힘없이 널어져 밤새 긴 꼬리를 자르고 다듬었다.

내 말이 구깃구깃 나뒹구는 동안

그녀 말은 가볍게 달려 날아간다. 나는 무지해 따라잡을 수 없는 걸까
말꼬리를 잡고 미지를 헤매는 동안 그녀 말은 극찬받는다.

그는 초월의 시야를 가진 걸까 .
형이상학적이다.

내 말도 물 만나고 풀 만나면 제구실할까.

기대만 할 뿐

나는 오늘도 사막의 끝에서 물 찾아 나섰다.
허우적거리는 말고삐를 잡고

고드름

약속이 녹아내리는 날

싸늘한 나의 시선은 증오를 품고 너에게 결별의
편지를 쓴다.

무색 펜으로 써 내려간다. 침묵의 날이 뾰족하지만
삐뚤삐뚤하다. 찔러 눈물 한 방울 나올 기미가
없는데도 샤프의 날을 세웠다.

증오가 녹는 건 내 마음이 녹아야만 된다. 차가운
배신에 나도 눈물이 난다. 앙금이 녹을 때는 왜
눈물이 날까.

나는 몇 번이고 이별 편지를 너에게 보낸다.

이파리

떨어졌고
밟혔다
이름이 없었다

푸른 영혼이 꺼진 자리다
그날,
활엽수는 바닥을 향해
이름표처럼 떨어졌고
이름이 사라진 숲은
울음을 바람에 실었다
포개진 몸,
짓눌린 시간의 무게
부스러지는 이름, 부서지는 소리
가을 숲은
더는 말하지 못할 이야기를
울음처럼 떨구고 있었다
나도 나의 숲에서

파랗던 격정을 하나씩 꺼낸다
바람에 잎이 운다
잎이 울면 나무는 다시 흔들린다
가버린 이름들이 포개질 때
내 마음의 숲도 뒤흔들린다
이름 하나를 지운다는 건
눈꺼풀이 뭉개지도록
울어야 하는 일

젖은 흔적에
나를 덮었다

그림이 동화로 피어나는 날

빛이 좌판 위로 흘러 토마토와 사과를 스치고 간다.

그림자들은 줄을 서고 유리병 속 모래는 숨을 삼킨다. 노란 장미와 떨어진 잎이 서로의 존재를 번역하며 공간을 흔든다. 바람이 지나가고 종이배가 미세하게 흔들린다.

골목 끝, 반짝이는 눈 하나 발자국은 틈새로 스며들고 붉은 사과는 속삭인다. 장난감은 호흡을 고르고 종이비행기는 좌판에 미끄러진다. 달빛이 스치고 모든 것이 멈춘 그 순간

하루가, 동화처럼 피어난다.

검은 밤 위의 하얀 선

사랑이 아니라
그림자 붙은 빛

푸른 날
비밀이 흘러내리는 향수
손끝에서 부서지는 금가루

너머는 이야기 없는 이야기
분화구 속 장작처럼
타다 남은 솔가지

사금파리처럼 흩어진 마음
집착이 몸을 감싸고
가슴은 검은 밤 위에 하얀 선

마법의 성
검게 칠해진 시간 속

눈물이 길을 잃는다

그 너머로,
흐르는 그림자 속으로

메타세쿼이아

무더기로 사라지는 것이 눈길을 끌고 있다

메타세쿼이아 마른 잎이 우수수
흙으로 돌아가는 길목

푸르스름한 시간을 삼킨 나무는
서술이 긴 잎을 무더기로 수식하고

노르스름한 언어가 대지를 덮기 시작했다

상처를 숨긴 황혼길

나도 내 나이의 시간을 서술하기 시작한다

잎은 푸르스름한 날 몇 번의 폭우에서
살아 낸 포상일까?

모든 것을 다 말했어도
아무것이 되지 않아
반도 읽어 주지 않은 나의 시

나도 노르스름하게 익으면
영혼의 언어를 끌어내어 눈길 끌 수 있을까

메타세쿼이아 잎처럼 우수수

데칼코마니

밑으로 향하는 꿈이 있다. 지붕을 신발처럼
신고 하늘을 밟았다. 위로 보니 하늘이 강이다.
강을 품어 물기둥 낳았다. 하늘이 땅이고 땅은
하늘이다. 하늘에 닿는 게 그의 꿈일까. 아니,
세운 날로 하늘을 뚫고 싶은 것일까. 송곳 같다.
얼음송곳, 조각하지 않았다 그저 과녁을 향해
있을 뿐, 투명하면 실속 없는 걸까, 추락하는
비상일까. 그의 꿈은 한 철이다. 추워야 피는
뾰족한 물기둥, 강추위 이기려고 날을 세웠다.
하늘을 밟고 땅을 향해 커 가는 꿈이다. 거꾸로
이루는 꿈이다. 새로운 비상이다.

폭우

　찰나가 미끄러져 내려간다. 와이퍼는 쉼 없이 기억을 가르고, 양쪽 관절마다 붉게 깜빡이는 눈이 매달린다. 나는 그 틈에서 눈을 뜨고 꺾이며, 굴러가듯 하루를 지나간다. 살아 있는 시간조차 숨을 죽인다. 차 바퀴에 부서진 물이 장례 행렬처럼 도로를 따라 흘러가고, 죽은 물은 스포트라이트 속에 갇혀 움푹한 웅덩이에서 흑과 백을 뒤섞는다. 비가 뿌린 시간, 그 간발의 차이 속에서 나는 삶과 죽음을 함께 굴리는 손, 운전대 위에 눈을 부릅뜬다.

오월

　담쟁이는 초록 편지를 씁니다. 나는 하늘색 편지지에 안부를 묻습니다. 생과 사의 장막은 한 획 차이인데 임들이 넘으신 그 장벽을 허물지 못해 더 애절합니다.

　아래쪽 가지가 탱탱하여 늘어지는 담쟁이, 올라가는 윗가지는 벌써 벽을 넘었습니다.

　나도 처지는 주름을 매달고 있는 동안 임들은 그 무게를 견디지 못했나 봅니다. 보이지 않는 끝은 돌아오지 못하는 담을 넘은 것입니다.

　오월엔 안부가 궁금합니다. 기념일마다 하늘색 편지지에 이름을 적어봅니다. 편지지에 손 글을 써 봅니다.

이미지 파도

나는 바람의 그림자가 되어 물을 삼켰다. 물이 삼킨 바람, 시퍼렇다. 거센 음파는 채찍질일까. 끊임없이 밀어내는 소독 거품

바람이 거세게 부는 날 내 입에 고인 말은 거품이 되어 뱉어버렸다. 수평선은 하루 꿈을 싣고 돌아간 길, 어부의 길에도 수심 깊이 숨겨진 무언 無言이 있다. 끝없이 뱉어내는 바람의 말

끝으로 가는 길

나는 역류하고 있다
철새와 텃새가 어우러진 강물을
거슬러 오르는 듯
끝을 향해 걷고 있다

길은 늘 끝에서 끝으로 가는 것

잠수하는 어린 철새 홀로 서는 중
어느새 훌쩍 커
또 다른 서식지에 닿을 테지

지나온 나의 길은 주름이 되었다

새끼들은 또 다른 새끼를
순산하여
세월의 날갯짓을 한다

내가 오르는 동안
어른들은 지하 터널 속으로 들어가는
기차 같았다

이제, 그 아이가 아이를 잉태하면
나도 걸어왔던 길이 관절 꺾이듯
터널 속으로 휘어 들어간다

끝으로 가는 길을 순응하면서

가난한 문(Moon)

검은 달이 떴다

바람에 십이월 지붕이 바스락거린다

낮의 눈동자처럼 굴려 가던 해가 감기고
어김없이 밤의 눈동자 달이 뜬다

임무를 다한 숫자는
가난한 초가집 한 채에 머물고 있다

젊음은 술래잡기하듯 숨어 버리고
눈동자 밑에 주름의 숫자가 달리기 시작했다

열두 문 새집이 둘둘 말려 왔다

낯선 숫자의 기세에 눌려 시력이 떨어지고
나도 눈동자를 자주 굴린다

나이의 층계는 허물 재간이 없다

열두 문 새집을 열고 숫자에
동그라미를 친다

한 살 불어난 생일이다

4부

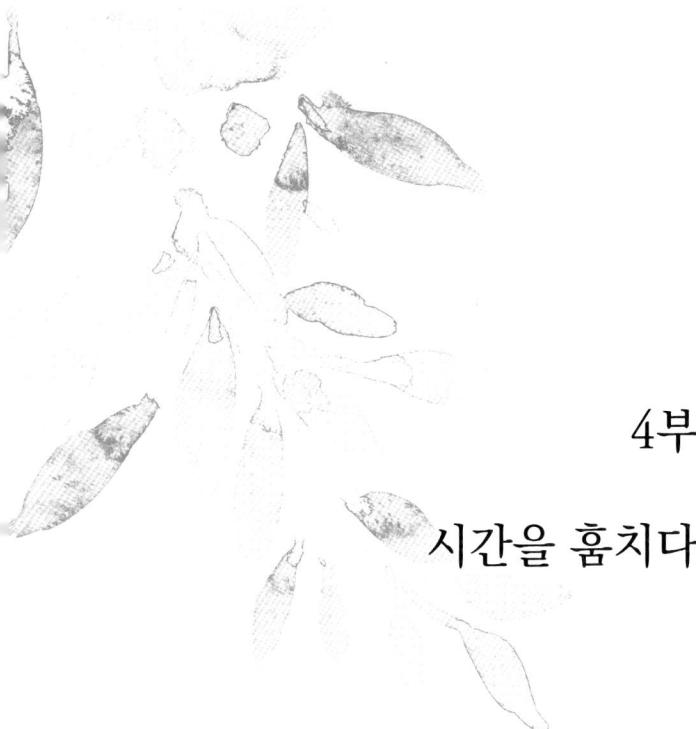

4부

시간을 훔치다

첫사랑

행간에 떨어진 꽃잎
한 번 피었다 사라진
유리 속 시간이다

시간을 훔치다

회전의자가 나를 밀어내듯 돈다.

지구본이 덩달아 뒤척이며 나는 그 둘레에서
작은 별처럼 흔들린다. 나는 꿈의 균열 속에서
낡은 시간을 몰래 훔쳐 쥔다. 붉게 말린
해거름의 분화구 그 속은 끝없는 심연, 블랙홀

어둠은 내 몸을 삼키며 회전하고 지구는 뜨거운
심장을 드러내며 돈다. 괘종시계 속 뻐꾸기가
바늘을 거슬러 흔들며 울음을 쏟자,

나는 땀에 젖은 채 꿈의 껍질을 찢고 나온다.
그러나 의자는 여전히 돌아가고 처서는 물러가고
백로는 다가오며 나는 아직도 돌고 있다.

돌아간다는 건
결국 시간이 나를 비유하는 다른 언어일 뿐

아버지

길을 나선다. 몸은 바람처럼 가볍다. 검은 차
안, 얇게 새는 훌쩍임이 공기를 흔든다. 돌담이
어깨를 내민 좁은 길, 그 끝에서 기다리는 한 채의
집. 젊은 어깨들이 아버지를 부드럽게 떠받친다.
측백의 그림자가 길을 덮고, 무너진 지붕이
세월의 등을 드러낸다. 굵은 기둥의 사원이
고요히 품을 연다. 동백꽃은 붉은 한숨으로
흩어지고 곡소리는 잎처럼 바람에 날린다. 검은
옷자락 사이로 스며드는 흐느낌은 세월의 무심을
불러낸다. 묘원의 집들은 별빛처럼 꿈속에서
가물거리며 빛난다.

목련

　상처는 보이지 않고 그저 뭉친 응어리에 털외투를 두르고 있네. 하고 싶은 말들이 입술 끝에서 떨리고 있지만 겨울 눈에 매달린 상처 때문에 초점을 맞추지 못한다. 시간을 돌려 입술 끝에 달린 너의 고백이 듣고 싶지만, 묻는 것도 상처이기에 머금은 말을 못내 삼킨다. 아직도 떨고 있는 너의 입술을 보며 눈을 떼지 못하고 있다. 너의 입이 봇물 터뜨리면 나는 함성을 지를 거야.

액자

벽 위에 걸린 시간,

유리막 뒤에서 늘 같은 빛으로 나를 바라보던 두 쌍의 눈.
마모된 의자를 옮기다 액자를 깨고 말았다.

균열이 파문처럼 번지고, 조각난 빛 사이로 흔들리는
동공이 번져왔다. 어딜 가나 나만 따라다니던 머리 위 달처럼

혈관 깊숙이 전율이 스치고 파편 위로 떨어진 눈물, 손끝에
닿는 차가운 유리보다 더 차가운 공허가 가슴을 눌렀다.

내 가슴을 짓누르는 혈육의 전율과 함께 마음을 할퀸 파편
위에 눈물이 쏟아졌다. 이제는 치워야 할 때라 생각하니
온몸에 싸늘해졌다.

그날 유리알같이 떠오르는 그들의 얼굴은

벽이 무너진 성처럼
내 가슴 속에 묻혀있다.

서리 앞에서

힘없이 내려앉은 잎들은 바람의 선율을 따라
직선을 긋고, 곡선을 감는다.

겨울 담 밑에서 스스로 그림자를 말리고 있던 그녀.

깃털 같은 서리가 내려 마지막 숨을 덮을 때, 장벽 앞에서
멈춘 한 잎 그녀의 숨결이 거기 있었다.

병풍 앞 나무 촛대 위로 조용히 내려앉는 빛, 그 빛 속에서
나는 잃어버린 눈동자를 더듬는다.

한 번뿐인 계절이 돌아오면 그녀의 목소리가 직선을 긋고,
곡선을 감는다.

서리보다 차갑게,
촛불보다 뜨겁게
가슴을 스친다.

시간의 장미

옹기종기 모여 긴 추억을 보관했지

더 예쁜 모습을 취하려는
너희들의 선한 마음이 더 짠해

이제
장미 덩굴만큼 쑥 자라
나는 더운 날이면 너희들의 그림자에 숨는다

마음도 몸도 익느라고

색이 변해 가는 너희 모습을 보며
흑백사진 속 미소가
빛바래 가는 나

사진 속 어머니 웃음
기억으로 남아 있을 때

나도 어머니처럼 익어가고

내가 꽃잎이 되어 익어가는 동안

언젠가 너희들의 기억 속에 내가 갇히면
가시 없는 장미였음 좋겠다

익어간다는 건 색이 변하는 것이지
익어가는 모습도 제각기 다르지

에너지 넘치는 컬러사진처럼
선명하게 익어가자

너와 나
붉은 장미처럼
익어가자

시간을 접다

걱정이 삶보다 무거워 중력을 이기지 못한 그녀.

골이 삭아 언덕이 무너지듯 몸은 기울고 있었지만,
이별 앞에서도 손자들의 손을 쓸어내렸다.

앙상한 손끝이 마지막처럼 흔들린다. 짐이 되기
싫은 그녀, 차 안의 바람은 적막하고 창밖 풍경은
병풍처럼 접혀간다.

백일홍 가로수, 초록이 우거진 마을, 느릿하게
걷는 노인들의 뒷모습.

그녀의 눈동자는 그 속에서 과거를 한 장씩
접는다. 차에서 내려 현기증을 느끼며 끝이 보이는
문으로 들어간다.

외로움의 그림자처럼 땅거미가 내려앉는다.

오후마다, 그녀는 가족이라는 눈물 보따리를
쌌다가 풀기를 반복할지 모른다.

끝으로 가는 길은 구덩이요, 낭떠러지. 앙상한
길은 열려있으나, 그곳은 종점.
그녀는 오늘도 과거를 접고 있다.

K

너를 기다리고 있다. 햇볕 쬐기 좋은 봄날

나보다 더 나를 잘 아는 너는 나를 만나러 오고 있다.

건널목을 건너 낙동강 하굿둑 가로수길 따라 햇볕에 반짝이는 물빛을 보며, 아주 오래된 세월을 품고도 이 순간을 더하여 너는 오고 있다. 무엇을 꿈꿀 수 있을까.

나도 너를 기다리는 동안, 너에게로 가고 있다. 언제나 나는 너를 기다리며 산다. 보이지 않는 너를 기대고 산다. 아무것도 멈출 수 없다.

너는 나의 둑이다.

담쟁이

손끝에서 자란 돌담
한 층, 또 한 층 틈새마다 작은 돌멩이가 들어간다.

겨울마다 구멍 난 통장

여섯 개의 책 보따리를 짊어지는 자식들. 방문을
열면 바람이 낮은 돌담 사이로 쌩쌩 들어왔다.
풀칠보다 더 깊은 구멍은 월사금이었다.

그녀는 옆구리에 함지박을 끼고 얼룩 비닐 몸뻬를
입고 새벽바람을 가르며 나섰다.새벽 그물에 걸려
펄펄 뛰는 생선 대야가 늘어선 어판장을 들어섰다.

반질반질 빈틈없이 오른 잎들이 얼룩무늬 돌담을
다 메웠다. 그녀의 돌담집도 어느덧 무성해졌다.

덩굴장미

울타리를 둘러싼 장미 덩굴도 나를 반기듯 붉은 입술을 실룩인다. 점점 짙어지는 립스틱의 향기가 창가의 햇살로 퍼져온다. 나는 심미안과 향기를 맡는 코와 소리를 듣는 귀 그리고 뛰는 가슴이 있다. 살아 있는 것은 제각기 색과 모양으로 가슴을 쿵쿵거린다.

연어

바다에 고인 하늘
그녀도 물에 잠겼다.

생전에도 아픈 손가락이 더 아프다며, 바다가 휘청일
때마다 울음이 파도 같았지.

살을 덜어 우리를 낳고 세월을 절룩이다 홀로 가신 그곳

할머니의 어머니가 가신 곳

마음이 닿을 것 같은 하늘은 푸르고 깊은 어머니의 바다
내 품 안에도 흐르고 있다

흑백사진

꿈이 창을 건드린다
빛바랜 셔터 소리로
파노라마처럼 펼쳐지는
내 가방, 교복,
금이 간 머리핀 하나
기억은
느린 줌인
흐릿한 배경에서
벚꽃이 정수리 위로 떨어지고
상상력이 슬그머니
트렁크를 연다
그 안엔 접힌 시절이
구겨진 채 들어 있다
어느 장면에선
내 눈썹을 스친 바람이
아직 바스락거린다

빛은 사라졌지만

그림자 햇살론

어둠을 이겨내는 힘, 햇살이 환하다.

검정 티를 입은 청년의 겨드랑이에 땀이 말랐다가
젖었다. 희끗희끗 소금꽃이 피었다. 초인종을 누른 뒤
모퉁이를 돌아 다른 대문을 향해 바쁜 걸음 걷고 있다.

앞에 가는 그림자가 더 날렵하다.

뒤에서 앞으로 밀어주듯 빛의 기운이 보인다.
감정도 없는 검은 그림자는 속도와 함께 길게
자라난다.

빛으로 밀려가는 검은 그림자 나도 한때 마음의
짐이 무거워 어두운 골방에서 지냈다. 그래도 조그만
구멍으로 화살촉 같은 빛을 기다렸지.

오늘도 배송지로 쏜살같이 다닌다. 청년의 소금꽃에
빛이 난다.

봄의 데칼

눈뜬 봄이 채도를 바꾸어 놓았다. 가슴 속까지 녹색이 번지고 저항 없이 스며든다. 가까이 있어도 실루엣으로 보이는 당신, 나는 그대를 만나러 가는 꿈을 꾼다. 풀잎 하나 흔들려도 심장이 비명을 지른다. 빨리 오세요. 내 봄을 접어 당신 주머니 속에 넣어둘 테니, 당신도 한 발. 나를 향해 걸어와 주세요. 어둠이 깊어질수록 꿈의 길은 멀어지지만, 그 멂 속에서조차 그대는 더 선명해진다.

다이어리

원 안의 날들이 마음에 불을 지피네

기억을 정리 중이다

소멸로 가는 숫자는 숯 칠을 하고
추억이 머릿속에서 연기 오르듯 올라오네

동그라미에 별사탕이 달렸지만
검게 타 쓰디쓴 날 있었고
작은 동그라미가 부풀어 솜사탕처럼 달콤한 날 있었네

녹아 없어진 날들이 더 그리운 걸까
원둘레에 머무는 마음이 설레네

익어가는 건 쓴 날의 기억을 태우고
달콤한 불씨를 저장하여
또 다른 달력을 마음 안에
걸어 놓는 일이네

메타적 시 쓰기의 언어 탐구와 존재의 본질 규명

이상옥(창신대학교 명예교수)

　이루시 시인은 시우담문학회 핵심 멤버로 이형기기념사업회 실무를 맡으면서 진주 문화예술의 중심부에서 활발한 시적 행보를 펼치고 있다. 진주라는 예향을 시적 토포스로 하고 있다는 것은 시인으로서 축복이다. 진주에서 보고 듣고 느끼는 것이 시고 예술이 아닌가. 이루시 시인은 박우담 이형기기념사업회 회장의 제자로서 치열한 시적 수련을 거치고 한층 성숙한 모습으로 제3시집을 상재하며 뚜렷한 개성적인 목소리를 담지해 내고 있다.

　　시월 바람이

대숲에 일면 천 마리의
비둘기가 날아오르는 듯하다.

화려한 불빛과 달빛이
어우러진 남강

비둘기 날갯짓이 물결에 닿으면
한바탕 진주난봉가가 울려 퍼지고
계사년 장정들의 울음이 들려온다

진주성을 바라보며
우물가에서 물을 긷던
배 건너 아낙들도
폭포 같은 함성에 목이 잠긴다

남강이여!
진주성이여!

시월 대숲엔 비둘기 날아와
장렬한 운구행렬이 지나가는 듯
강물과 함께 울렁이고 있다
이제,

그날의 장정처럼 남강이 빛나고
비둘기
진주 정신을 물고
힘차게 날아오르네
　　　-「남강 대밭」

　이 작품은 고난을 극복하고 오늘의 문화예술
도시로 우뚝 선 진주 찬가처럼 보여 진주를 시적
토대로 하는 진주의 시인 이루시의 시적 자부심의
표현이라 해도 좋다. 이 시집의 서시 격이다.
　진주와 남강은 한 몸이다. 진주 없는 남강이나
남강 없는 진주는 생각할 수 없다. 시월의 바람이
일렁이면 남강변의 대숲은 천 마리의 비둘기가
날아오르는 듯하다고 노래한다. 남강 하면 또
남강변의 대숲을 떼놓을 수가 없다. 예로부터
남강변의 백사장과 대나무숲으로 어우러진
백사 청죽(白沙靑竹)은 경탄의 대상이었고
진주정신의 표상이었다. 남강변의 대숲을
날아오르는 천 마리의 비둘기의 형상은 매우
웅장하고 활달하고 표상성이 뛰어나는데, 이런
이미지를 구사하는 것만 봐도 이루시의 시적
내공과 역량이 이미 한 절정에 도달하고 있는

것처럼 보인다. 비둘기라는 관습적 상징을 단숨에 새 몸으로 빚어낸다. 화려한 불빛과 달빛이 어우러진 남강의 아우라로, 천 마리의 비둘기 날갯짓이 물결에 닿으면 한바탕 진주 난봉가가 울려 퍼지고 계사년 장정들의 울음이 들려온다는 것도 진주의 역사와 호국정신을 한 문장으로 응축해내는 시적 포즈로 예사롭지 않다.

장지연이 진주의 정경과 문화를 노래한 「진양잡영(晋陽雜詠)」에서 "풍부한 물산, 아름답고 요염한 기녀, 무성한 대나무를 진양삼절"이라고 했다. '난봉'이라는 말이 부정적인 뉘앙스도 있지만 "흥에 겨워 부르는 노래"라는 의미이고 보면 진주 난봉가도 이런 맥락에서 예향 진주를 환기한다. 어디 장지연의 지적뿐이겠는가. 진주는 자타가 공인하는 한국 최고의 예향이고 문학 도시이다. 게다가 순국선열의 희생과 헌신이 깃든 역사의 현장이다. 계사년 장정은 임진왜란 때 진주성을 사수하다 장렬히 전사한 죄 없이 희생당한 군사들이다. 계사년(1593년) 제2차 진주성 전투에서 10일간 치열하게 수성을 하다 진주성이 왜군에게 함락되고 조선 장수들은 스스로 목숨을 끊거나 남강으로 몸을 던졌고 성안에 남아 있던 6만여 명의 군민들은 살해되었다. 이 참혹한 역사의 현장 진주성을 바라보며 우물가에서 물을 긷던 배 건너 아낙들도 폭포 같은 함성에 어찌 목이 잠기지 않았겠는가. "남강이여!/ 진주성이여!"라고 호명하는 이루시의 시적 자아의 터져나오는 심연을 짐작하고도 남을 법하다. "시월 대숲엔 비둘기 날아와/ 장렬한 운구행렬이 지나가는 듯/ 강물과 함께 울렁이고 있다"라는 언술에서도 비극적 역사를 목도하고 유유히 흐르는 남강의 포즈를 통해 진주라는 도시의 환유성이 드러난다.

오늘의 진주는 어떤가 "이제 그날의 장정처럼 남강이 빛나고/ 비둘기/ 진주 정신을 물고/ 힘차게 날아오르네"라고 변영하는 문화예술 역사 도시 진주의 기상을 유감없이 표현한다. 여기에는 물론 이루시 시인의 자부심도 투영돼 있다.

이루시 시인은 진주정신을 바탕으로 자기 세계를 분명히 보여준다. 세계 내 던져진 존재로서 치열하게 자신의 언어를 찾아 이루시라는 시인의 본질을 만들어 나간다. 그의 시 쓰기에는 메타시적 자의식을 표방한다.

"왜 쓰는가?", "무엇을 쓰는가?", "어떻게 쓰는가?"라는 질문을 통해서 시인으로서의 언어를 다루는 법과, 존재의 집으로서의 언어는 어떻게 구축해야 하는지, 어떻게 존재의 실재에 닿을 수 있는지를 모색한다. 그럼으로써 이루시 시인은 메타시적 언어의 탐구자이면서 존재 본질의 탐구자가 된다.

> 갈증 나는 날이다. 시공을 흔들며 피어오른 아지랑이 사이로 나는 손을 밀어 넣는다. 마음이 흔들리는 문장을 잡고 싶다. 자꾸만 멀어지는 언어, 행마다 풍경은 수식이 빛을 내지만 뭉글뭉글 시구는 연기 오르듯 피어 사라진다. 갈증 나는 날이다. 욕망을 흔들어 놓은 문장은 잡힐 듯 잡히지 않고, 언덕을 가로지른 숲에서 멈춘 아지랑이, 마침표를 찍었을까 숲 사이로 빛나는 문장이 연기처럼 사라진다. 나는 갈증 난 시선을 손바닥에 모아본다. 내 목에 까칠까칠한 언어가 가물거린다.
> -「숲」

"시는 존재의 집이다"라는 하이데거의 말처럼 시의 언어는 인간 존재를 이해하고 드러내는 방식이고, 언어가 가장 본질적으로 구현되는 장이다. 언어에 골몰한다는 것은 존재에 골몰한다는 말에 다름 아니다. 시인은 "마음이 흔들리는 문장을 잡고 싶"은데, 그것을 붙잡지 못해 갈증 나는 나날이다. 시인은 존재의 집을 짓는 자이다. 시인은 존재를 붙잡기 위해 골몰하고 있다. 이 작품은 창작의 고통과 번뇌를 메타시로 표현하고 있다.

이루시 시인은 언어로 존재를 드러내려고 하는데, 그의 눈에 비친 존재의 실존은 너무 참혹하고 험난하다. 하이데거가 말한 "세계-내-존재"라는 것에서도 드러나듯이 인간은 세계 속에 던져진 존재로서 세계와의 관계성 속에서 살아갈 수밖에 없다. 본인의 의지와는 상관없이 역사적 · 사회적 · 문화적 조건 속에서 살아가게 된다. 인간은 한계적 존재로서 죽음 · 고독 · 우연 · 불안을 안고 살아간다, 그럼에도 불구하고 인간은 고유한 가능성을 선택하고 실현해 나가는 자유를 가진다. 여기에 시인의 존재 의미가 있다. 이루시 시인이 언어에 골몰하고 고통하고 전 생을 던지듯 하는 것은 왜일까. 그것은 존재의 탐구이고 존재의 물음이고 존재를 살아내는

행위이다. 자신만의 남다른 언어를 빚어내려는
욕망은 자본주의적이거나 종교적 욕망이 아니다.
오로지 생의 본질에 대한 진정한 탐구이다.

> 찰나가 미끄러져 내려간다. 와이퍼는 쉼 없이 기억을
> 가르고, 양쪽 관절마다 붉 게 깜빡이는 눈이 매달린다.
> 나는 그 틈에서 눈을 뜨고 꺾이며, 굴러가듯 하루를
> 지나간다. 살아 있는 시간조차 숨을 죽인다. 차 바퀴에
> 부서진 물이 장례 행렬처럼 도로를 따라 흘러가고,
> 죽은 물은 스포트라이트 속에 갇혀 움푹한 웅덩이에서
> 흑과 백을 뒤섞는다. 비가 뿌린 시간, 그 간발의 차이
> 속에서 나는 삶과 죽음을 함께 굴 리는 손, 운전대
> 위에 눈을 부릅뜬다.
> 　　　-「폭우」

 이루시 시인이 인식하는 존재는 다분히 실존적
경향을 드러낸다. 이 작품에서 폭우 속 운전은
한 치 앞을 내다볼 수 없는 상황으로 전개된다.
던져진 존재로서의 실존을 폭우 속 운전을 통해
표상한다. 한 순간도 멈출 수 없는 것이 생이다.
현대인들은 틈만 나면 국내외 유명 휴양지로
떠나지만 그렇다고 생의 시간이 멈추는 법은

없다. "찰나가 미끄러져 내려간다"라는 것은 무엇을 말하는가. 생과 사의 순간을 대면하며 하루하루를 치열하게 내닫는 것이 생이라는 말이다. 와이퍼가 쉽 없이 앞을 쓸어내려도 시야는 뿌옇고, 길 위에는 움푹 패인 웅덩이가 도사리고 있다. 비가 뿌리는 시간, 그것도 폭우 속을 달리는 것이 생과 사의 경계에 놓여 있다는 포즈가 아니고 무엇인가. "살아 있는 시간조차 숨을 죽인다"는 것은 키에르케고르가 말한 실존적 불안의 경험이며, 하이데거가 말한 죽음의 가능성을 의식하는 순간으로 실존적 정황을 생생하게 묘파한다. 또한 "그 간발의 차이 속에서 나는 삶과 죽음을 함께 굴린다"는 고백은 바로 그러한 실존적 결단의 순간을 보여준다. 폭우 속 운전처럼 인간의 삶 또한 예측 불가능하다. 하지만 그 길을 달리는 자는 자기 삶을 스스로 선택해야 하며, 그 선택의 책임을 피할 수 없다. 사르트르의 지적처럼 "자유 속에 저주받은 존재"이지만, 동시에 그 자유 속에서만 인간으로 산다.

　폭우 속을 달리는 한 장면이 생을 압축적으로 형상화한다. 불안정한 길, 불가해한 순간들,

그리고 죽음의 그림자가 드리운 그 속에서도 눈을 부릅뜨고 운전대를 붙드는 행위는 삶의 처절한 실존을 탁월하게 드러낸다. 이것이 생의 실존이고 이루시 시인이 개척해가는 시의 본질이고 시인의 길이다.

빛이 보인다. 안보이던 먼지가 하루살이처럼 내 눈에 들어와 나를 괴롭힌다. 낭떠러지 앞에 선 가늘고 소심해진 관음죽, 쏟아지는 번민에 눈 살짝 비빈 시선이 무겁다. 눈앞에 생각들이 걷고 있다. 끈적한 먼지를 뒤집어쓴 나의 동공에 생각들이 걷고 있다. 곧고 살갗 반질반질해진 관음죽, 빛의 굴절에 나는 가슴을 베었다.

-「가슴을 베었다」

이루시의 시는 존재로서 본질을 스스로 만들어가는 가운데, 끊임없이 사유하고 존재를 성찰을 하며, 그의 언어는 상징계에서는 해독되지 않는 실재계의 틈새로 비집고 나오거나 무의식의 층위에서 분출되는 것이기에 일상적 언어 체계로는 해독이 불가능한 경우가 많다. 그의 언어가 일상적 질서를 해체하고 새로운 질서를 만들어가는 것도 시인으로서의 본질을 만들어 나가는 것이다. 그의 시의 언어가 남다른 개성적 목소를 확보하는 것도 그런 측면이다. 그만큼 스스로 본질을 만들어 나가야 하는 시적 자아로서 매사 민감하고 세심할 수밖에 없다. 생각하고 사유하는 존재로서의 시적 자아는 한없이 나약한 존재로서 존재의 내면은 민감하고 상처받기 쉬운 불완전성을 내포한다. "안보이던 먼지가 하루살이처럼 내 눈에 들어와 나를 괴롭힌다"라는 언술은, 너무나 작고 하찮은 것들조차 화자의 인식과 감각을 뚫고 들어와 존재를 불안하게 만든다는 것이다. 사유하는 존재이기에 그렇다. 하찮은 먼지조차도 가슴을 베는 날카로운 관음죽의 잎처럼 다가와 존재에 정신적 출혈을 쏟게 한다. 존재를 묻고 사유하기 때문에 존재의 불안은 피할 길이 없다. 인간은 사소한 일상에서도 고통을 느낄 수밖에 없고 그런 가운데서도 세계와 끊임없이 관계 맺으며 의미를 묻고, 의미 속에서 상처 입는 실존적 존재임을 증언한다. 그것이 '가슴을 배었다'는 이루시 시인의 실존적 고백이다.

골목 모퉁이에 핀 보라색 모눈종이, 구겨진 하늘 아래
조용히 핀 꽃

도시의 심장 박동 소리
굴삭기 소음이 귓가에 닿을 때마다, 꽃잎은 미세한
경련을 일으킨다.

밤의 고독과 뼈를 깎는 통증은 잊힌 채로, 가끔씩 새어
들어오는 햇살마저 꽃잎의 색을 지워버린다.

곰팡이는 벽지를 타고 구름처럼 피어오르고, 끈적한
먼지 속에서
빛을 뜯어먹는 약봉지 위에는 지하 단칸방의 주름진
지문이 박혀 있다.

어둠을 뜯는 약봉지에 그의 지문이 남아 있다.

천둥이 몰고 온 먹구름은 몸속 깊이 스며들어, 빛은
산산이 부서져 날카로운 파편이 되어 심장을 찌른다.

 가느다란 기침 소리가 어둠을 맴돌 때마다, 제비꽃은
말없이 꽃잎을 떨군다.

-「제비꽃」

  이 작품은 도시의 화려한 이면의 또 다른
인간의 실존을 적나라하게 파헤치되, 극도의
은유와 상징으로 표상한다. 골목 모퉁이에 핀
보라색 모눈종이처럼 구겨진 하늘 아래 조용히
핀 꽃이 제비꽃이다. 제비꽃은 도시의 심장
박동 소리, 굴삭기 소음이 귓가에 닿을 때마다
미세한 경련을 일으킨다. 제비꽃과 단칸방의
주인공이 오버랩되고 있다. 단칸방에는 곰팡이가
벽지를 타고 구름처럼 피어오르고, 끈적한
먼지 속에서 빛을 뜯어먹는 약봉지도 놓여
있다. 지하 단칸방의 주름진 지문이 박혀 있는
주인공은 익명성이다. 그 주인공을 지켜보며 상호
텍스트성을 이루는 것이 제비꽃이다. 제비꽃은
가느다란 기침 소리가 어둠을 맴돌 때마다 말없이
꽃잎을 떨군다. 이 작품은 화려한 도시가 이면에
은폐한 또 다른 처절한 실존을 보여준다. 도시의
화려한 불빛과 현란한 빌딩과 죽죽 뻗은 도로가
감출 수도 없고 막을 수도 없는 것이 근본적으로
맞닥뜨릴 수밖에 없는 실존으로서의 불안, 고통,
죽음의 응시이다.

이루시 시인이 화려한 도시 이면의 단칸방 주인공을 익명으로 호명하는 것도 존재의 실존이 특정 개인의 문제가 아니라 실낙원 이후 인간의 보편적 문제임을 지적한 것이다. 권력, 자본이 지배하는 도시 공간은 수많은 소외와 아픔과 질병과 죽음과 공포라는 근원적 실존을 삭제시키고 왜곡된 표상으로 은폐시킨다. 이루시 시인이 이런 도시의 이면을 집요하게 파헤치는 것도 존재론적 탐구의 연장선이고 확장성이라 할 것이다.

여울을 앞둔 내 몸뚱어리도 번쩍거리는 네온을 찾아 훨훨 날아다녔다. 장작불에 날아든 불나비. 코를 찌를 새도 없이 소용돌이 물결이 바위를 난타할 동안, 간헐적 외침이 들려온다. 네온은 경전의 경계를 허문다. 옳고 그름, 선과 악의 경계가 몸의 좌우처럼 뚜렷하지 않지만, 찰나의 순간 경계가 있다. 나는 걷고 달리고 헤엄친다. 여울을 통과하든, 실수로 미끄러져도 파문이 인다. 한때 단절되었던 화톳불엔 허리를 비틀며 여울을 통과하는 내가 보인다. 잊지 못할 찰나의 순간

-「경계를 넘다」

그러면 어떻게 살 것인가. 시인으로서는 무엇을 노래하고 무엇을 잡아야 하는가. 인간은 경계자로서 자유의지로 스스로 선택해야 하는 존재다. "네온은 경전의 경계를 허문다. 옳고 그름, 선과 악의 경계가 몸의 좌우처럼 뚜렷하지 않지만, 찰나의 순간 경계가 있다."는 실존 앞에 놓은 세계를 압축적으로 보인다. 여울을 앞둔 몸뚱아리가 번쩍거리는 네온을 찾아 훨훨 날아다니고, 불나비는 장작불로 날아든다. 이것은 찰나의 경계다. 이 경계를 걷고 달리고 헤엄쳐 나가는 것이 실존이다. 여울을 통과하기도 하고 실수로 미끄러져 파문이 일기도 한다. 한때 단절되었던 화톳불에 허리를 비틀며 여울을 통과하는 시적 자아의 포즈도 잊지 못할 찰나의 순간이다.

이루시 시인은 이원론적 경계에서 스스로 선택하며 본질을 만들가는 것이 생이라고 이 시집을 통해 말하고 싶은 것이다.

수십 개의 가랑이 벌어져 올라갔다. 초록 갑옷으로 무장한 병사 올라탔다. 벼랑과 벼랑 사이 그림자 흔들거렸다. 숨이 차오른 심장은 붉은 수의로 염하듯 둘러쌓았다. 서둘러 셔터 누르지 못하고 마지막 잎 떨어진 알몸 찍고 말았다. 박제된 모세혈관처럼 겨울 벼랑에 정지되어 있었다. 너의 관 조용히 지키고 있었다. 너의 부활 조용히 기다리고 있었다. 겨울은 충전의 계절이다. 새벽녘 첫눈은 아무도 모르게 왔다 갔다. 너의 가랑이 사이의 허연 잔설, 물방울 하나 느리게 떨어진다.

　　　-「누드 사진」

　작품은 존재의 핵심 본질을 다룬다. 누드 사진으로 존재의 근원적 생명 충동과 죽음 충동을 동시에 여과 없이 노출한다. 누드라는 것은 감출 수 없는 생명 현상을 여과 장치도 없이 그대로 드러내겠다는 시적 포즈다. 누드라지만 육체성을 직접 드러내지는 않는다. 식물성의 병사, 벼랑, 심장 같은 자연과 해부학적 이미지를 통해 몸은 은유적으로 소환된다. 육체는 풍경으로 치환되고, 섹슈얼리티는 은폐와 노출의 교차 속에서 묘한 긴장감을 형성한다. 이때 '누드'란 단순히 성적 욕망을 자극하는 장치가 아니라, 존재의 근원적 생명 충동과 죽음 충동이 교차하는 생의 현장이다. 여기서 반복적으로 제시되는 이미지는 소멸과 재생의 원형 상징이다. "마지막 잎 떨어진 알몸"은 생명이 소진된 육체인 죽음을 표상하지만 "겨울은 충전의 계절이다"라고 언술함으로써 죽음은 부활을 위한 제의공간으로 치환된다. "너의 부활 조용히 기다리고 있었다"는 죽음이 부활을 낳는 모티브이며, 곧 섹슈얼리티의 근원적 성명성과 맞닿는다. "너의 가랑이 사이의 허연 잔설, 물방울 하나 느리게 떨어진다"는 육체적 은유와 성적 상징으로 새로운 생명을 잉태를 예고한다. 따라서 '누드'는 단순히 노출된 육체가 아니라, 생명과 성, 죽음과 부활이라는 인간 존재의 형이상학적 환유다.

이번 시집에서 진주의 지역성을 토포스로 하는 예향의 시인답게 시의 본질적 국면인 메타적 시 쓰기로 자신만의 시적 언어 구축에도 매우 적극적이다. 그의 언어는 일상적 체계를 흩어뜨림은 물론이거니와 의식과 무의식의 경계를 넘나들며 실재계에 균열을 내거나 무의식의 충동을 상징계의 체제를 전복시키며 거침없이 분출된다. 그렇게 함으로써 그의 언어는 한 순간도 나태하거나 평이하지 않는

긴장과 역설과 상징이 교차하면서 현실 공간을 찢어서 존재의 비밀을 누설한다. 그는 자의식의 세계에서만 머물지는 않는다. 존재가 놓인 한계적 상황에 대해서도 집요한 모색을 한다. 한 순간 멈춤 없이 질주하며 작은 일에도 전전긍긍하며 생과 사의 경계를 매순간순간 살아내야 하는 실존적 정황도 조명한다. 나아가 시야를 확장하여 타자의 존재 상황에 대해서도 응시한다. 그런가 하면 인간 존재의 원형인 성적 모티브를 깊이 있게 천착하며 생명성의 본질 규명에도 깊은 관심을 표명한다.